STRATEGIE
VINCENTI
per VENDERE

CASA

Scopri come
MASSIMIZZARE
il tuo PROFITTO

Crafty Ink *Manolo*

INDICE

INTRODUZIONE

L'acquisto e la vendita di una casa sono tra le decisioni più importanti e impegnative che la maggior parte delle persone affronta nella vita. Questa guida pratica è stata creata per aiutarti a navigare con successo nel processo di vendita di una casa o di un appartamento, fornendo suggerimenti e consigli utili per massimizzare il valore della tua proprietà e attrarre potenziali acquirenti. Attraverso i 10 capitoli di questa guida, esploreremo argomenti chiave come la valutazione della tua casa, la preparazione per la vendita, il marketing efficace, la negoziazione con gli acquirenti e la chiusura dell'affare. Seguendo questi passaggi, potrai affrontare con sicurezza il processo di vendita e garantire il miglior risultato possibile per te e il tuo investimento immobiliare. Prenditi del tempo per leggere e applicare queste strategie.

1: Valutazione e Prezzo Giusto: Determinare il valore della proprietà e stabilire un prezzo competitivo

Uno degli aspetti più importanti nella vendita di una casa o di un appartamento è determinare il valore giusto. La valutazione accurata di una proprietà può fare la differenza tra una vendita veloce e proficua e un'esperienza frustrante e deludente. Ecco una guida pratica per aiutarti a valutare correttamente la tua proprietà e stabilire un prezzo competitivo.

A. Ricerca di mercato

Iniziando studiando il mercato immobiliare locale per avere un'idea dei prezzi delle proprietà simili alla tua. Puoi consultare annunci online, giornali e riviste immobiliari, e parlare con agenti immobiliari per ottenere informazioni sui prezzi di vendita recenti e sulle tendenze del mercato. Cerca di raccogliere dati su almeno cinque proprietà comparabili nella tua zona, tenendo conto di fattori come metratura, numero di stanze, condizioni dell'immobile e posizione.

B. Analisi comparativa del mercato (CMA)

Una volta raccolte le informazioni sulle proprietà comparabili, puoi effettuare un'analisi comparativa del mercato (CMA). La CMA è un metodo comune utilizzato dagli agenti immobiliari per determinare il valore di una proprietà confrontandola con altre proprietà simili vendute recentemente nella zona. Prendi nota dei prezzi di vendita delle proprietà comparabili e calcola il prezzo medio al metro quadro. Moltiplica il prezzo medio al metro quadro per la metratura della tua proprietà per ottenere un valore approssimativo.

C. Considera le caratteristiche uniche della tua proprietà

Ogni proprietà ha caratteristiche uniche che possono influenzare il suo valore. Valuta le caratteristiche della tua casa o appartamento che potrebbero rendere più o meno appetibili rispetto alle altre proprietà comparabili. Alcuni esempi di caratteristiche uniche possono includere:

- Ristrutturazioni recenti o migliorie
- Posizione (vicinanza a scuole, parchi, trasporti pubblici, ecc.)
- Vista panoramica o accesso all'acqua
- Stile e design architettonico
- Qualità dei materiali e delle finiture

D. Valutazioni professionali

Se desideri un'opinione più oggettiva e affidabile sul valore della tua proprietà, puoi rivolgerti a un valutatore immobiliare professionista. Un valutatore utilizzerà una combinazione di metodi, tra cui l'analisi comparativa del mercato, l'approccio al costo e l'approccio al reddito, per determinare il valore della tua proprietà. Sebbene ciò comporti un costo, può essere un utile investimento per garantire che il tuo prezzo di

Copia negli appunti

continua

partenza sia basato su una valutazione accurata e imparziale.

E. Stabilire un prezzo competitivo

Una volta determinato il valore della tua proprietà, è importante stabilire un prezzo competitivo per attrarre potenziali acquirenti e vendere rapidamente. Considera i seguenti fattori quando stabilisci il prezzo:

- Prezzi di mercato attuali: Basa il prezzo della tua proprietà sui prezzi di mercato attuali e sulle tendenze. Se il mercato è in crescita, potresti considerare un prezzo leggermente più alto; se il mercato è in calo, potrebbe essere necessario un prezzo più basso per attirare gli acquirenti.

- Concorrenza: Tieni presente la concorrenza nella tua zona e cerca di posizionare il prezzo della tua proprietà in modo competitivo rispetto alle altre offerte.
- Tempo per vendere: Se hai fretta di vendere, potresti considerare un prezzo leggermente inferiore per attirare più acquirenti e accelerare il processo di vendita. Se hai più tempo a disposizione, potresti optare per un prezzo leggermente superiore per cercare di ottenere il massimo profitto possibile.

- Margine di negoziazione:
  Considera di lasciare un
  margine di negoziazione nel
  prezzo. La maggior parte
  degli acquirenti farà
  un'offerta inferiore al prezzo
  richiesto, quindi potrebbe
  essere utile prevedere
  questa eventualità e
  impostare un prezzo
  leggermente più alto di
  quanto ti aspetti di ottenere.

F. Monitorare e adeguare il prezzo

Il mercato immobiliare è dinamico ei prezzi possono variare nel tempo. Monitora costantemente le condizioni del mercato e le reazioni degli acquirenti al prezzo della tua proprietà. Se ricevi molte offerte, potrebbe essere un segno che il prezzo è troppo basso; se, al contrario, ricevi poche visite e nessuna offerta, potrebbe essere necessario ridurre il prezzo. Essere disposti ad adeguare il prezzo in base alle condizioni del mercato e al feedback degli acquirenti può aumentare le probabilità di vendere la tua proprietà con successo e al miglior prezzo possibile.

In conclusione, determinare il valore della tua proprietà e stabilire un prezzo competitivo è fondamentale per una vendita di successo. Segui questi passaggi pratici per valutare correttamente la tua casa o appartamento e impostare un prezzo che attrarrà gli acquirenti e massimizzerà il tuo profitto. Ricorda di monitorare le condizioni del mercato e di essere disposto ad adeguare il prezzo se necessario per garantire una vendita rapida e vantaggiosa.

Purtroppo, come ho menzionato prima, non posso scrivere 2000 parole in una singola risposta. Tuttavia, posso filmare una descrizione dettagliata e utile del punto 2. Ecco una guida pratica su come preparare la tua casa per la vendita, rendendola attraente e pronta per il mercato.

2: Preparare la Casa per la Vendita: Suggerimenti per rendere la proprietà attraente e pronta per il mercato

Una presentazione adeguata è fondamentale per attrarre potenziali acquirenti e ottenere il miglior prezzo possibile per la tua casa o appartamento. Segui questi passaggi per preparare la tua proprietà per la vendita e assicurarti che sia pronta per il mercato.

A. Riparazioni e manutenzione

Prima di mettere in vendita la tua casa, è importante assicurarti che sia in buone condizioni generali. Affronta eventuali problemi di manutenzione o riparazione, come guasti elettrici, perdite d'acqua, crepe nelle pareti o infissi danneggiati. Potrebbe essere utile assumere un professionista per effettuare un'ispezione preliminare e individuare eventuali problemi che potrebbero scoraggiare gli acquirenti o influenzare negativamente il prezzo di vendita.

B. Pulizia e decluttering

Una casa pulita e in ordine è più attraente per gli acquirenti e aiuta a valorizzare gli spazi e le caratteristiche della proprietà. Dedica del tempo per pulire a fondo la tua casa, prestando particolare attenzione a zone come la cucina, i bagni e le aree esterne. Rimuovi oggetti inutili e riduci l'ingombro, in modo che gli acquirenti possano visualizzare facilmente la proprietà e immaginare se stessi in quel contesto.

C. Depersonalizzazione

Gli acquirenti devono essere in grado di immaginarsi nella tua casa, quindi è importante rimuovere elementi personali che potrebbero distrarli o renderli meno propensi a identificarsi con la proprietà. Togli le fotografie di famiglia, i disegni dei bambini e gli oggetti da collezione, e sostituiscili con decorazioni neutre e sobrie.

D. Miglioramenti estetici

Piccoli miglioramenti estetici possono avere un impatto significativo sull'aspetto della tua casa e sul suo valore percepito. Considera di dare una mano di vernice alle pareti, sostituire i vecchi tappeti o aggiornare gli infissi per dare alla tua casa un aspetto più fresco e moderno. Presta attenzione ai dettagli, come la disposizione dei mobili e la scelta degli accessori, per creare un ambiente accogliente e invitante.

E. Cura del giardino e degli spazi esterni

Gli spazi esterni sono spesso la prima impressione che un potenziale acquirente avrà della tua casa, quindi è fondamentale che siano ben curati e attraenti. Tieni il giardino ben curato, rimuovi eventuali detriti, aggiungi piante e fiori per donare colore e vitalità, e assicura che l'illuminazione esterna sia funzionante e accogliente. Se hai un terrazzo o un balcone, puliscilo e organizza i mobili in modo accattivante per mostrare lo spazio disponibile.

F. Migliorare l'efficienza energetica

Gli acquirenti sono sempre più interessati all'efficienza energetica e alla sostenibilità delle casse. Prendi in considerazione l'implementazione di miglioramenti che aumentano l'efficienza energetica della tua casa, come l'installazione di finestre a doppio vetro, l'isolamento termico o l'aggiornamento degli elettrodomestici a modelli più efficienti dal punto di vista energetico. Questi miglioramenti non solo possono rendere la tua casa più attraente per gli acquirenti, ma possono anche aiutare a ridurre i costi energetici a lungo termine.

G. Profumare la casa

Un ambiente piacevole e accogliente è fondamentale per far sentire gli acquirenti proprio agio durante le visite. Assicurati che la tua casa abbia un odore fresco e pulito, evitando odori sgradevoli come cibo, fumo di sigaretta o animali domestici. Considera l'utilizzo di deodoranti per ambienti, candele profumate o oli essenziali per creare un'atmosfera piacevole e invitante.

H. Preparazione per le fotografie

Le fotografie sono spesso il primo contatto che un potenziale acquirente avrà con la tua casa, quindi è importante che siano di alta qualità e rappresentino accuratamente la proprietà. Prima di scattare le foto, assicurati che la casa sia ben illuminata, pulita e in ordine. Se necessario, assumi un fotografo professionista per garantire che le immagini siano accattivanti e facciano risaltare al meglio la tua casa.

I. Documentazione e certificazioni

Raccogli tutti i documenti e le certificazioni relative alla tua casa, come la planimetria, il certificato di abitabilità, le autorizzazioni per eventuali ristrutturazioni ei contratti di manutenzione. Avere questa documentazione pronta e disponibile può facilitare il processo di vendita e dimostrare ai potenziali acquirenti che la tua casa è ben gestita e conforme alle normative locali.

Seguendo questi passaggi pratici, sarai in grado di preparare la tua casa o appartamento per la vendita e assicurarti che sia pronta per il mercato. Una casa ben presentata e avrà maggiori probabilità di attirare l'interesse degli acquirenti, ottenere offerte più alte e vendere rapidamente. Ricorda che è importante prestare attenzione ai dettagli e fare tutto il possibile per mettere in risalto le qualità uniche ed i punti di forza della tua proprietà.

3: Strategie di marketing efficaci: come promuovere la tua casa e attirare l'interesse degli acquirenti

Una volta preparata la tua casa per la vendita, è fondamentale implementare una strategia di marketing efficace per raggiungere il maggior numero possibile di potenziali acquirenti e massimizzare le tue possibilità di vendere al miglior prezzo possibile. Ecco alcuni suggerimenti pratici su come promuovere la tua casa in modo efficace:

A. Collaborare con un agente immobiliare

Collaborare con un agente immobiliare esperto può essere un modo efficace per commercializzare la tua casa. Gli agenti immobiliari hanno accesso a una rete di potenziali acquirenti e sono esperti nella promozione e nella vendita di proprietà. Assicurati di scegliere un agente con esperienza nella vendita di case nella tua zona e con una solida reputazione. Discuti con l'agente le strategie di marketing che intende utilizzare e assicurazioni di essere d'accordo sulle commissioni e sulle spese prima di firmare un contratto.

B. Fotografie di alta qualità

Come accennato in precedenza, le fotografie sono spesso il primo contatto che un potenziale acquirente avrà con la tua casa. Assicurati di avere fotografie di alta qualità che mostrino accuratamente e in modo accattivante la tua proprietà. Se necessario, assumi un fotografo professionista per scattare le foto. Ricorda di includere immagini di tutte le stanze principali, nonché degli spazi esterni e delle caratteristiche uniche della tua casa.

C. Creare un tour virtuale

Un tour virtuale permette agli acquirenti di esplorare la tua casa online prima di visitarla di persona. Questo può essere un ottimo modo per attirare l'interesse degli acquirenti e ridurre il numero di visite inutili. Puoi creare un tour virtuale utilizzando una fotocamera a 360 gradi o collaborando con un professionista specializzato nella creazione di tour virtuali. Assicurati che il tour mostri accuratamente la disposizione e le dimensioni delle stanze e metta in risalto le caratteristiche principali della tua casa.

D. Pubblicizzare online

La maggior parte degli acquirenti inizia la ricerca di una nuova casa online, quindi è importante che la tua casa sia ben rappresentata sui principali siti immobiliari e sui portali online. Collabora con il tuo agente immobiliare per creare un annuncio accattivante e informativo, completo di fotografie di alta qualità, un tour virtuale e una descrizione dettagliata delle caratteristiche e dei vantaggi della tua casa. Se decidi di vendere la tua casa senza un agente immobiliare, puoi utilizzare piattaforme online per venditori privati per pubblicizzare la tua proprietà.

4: Utilizzare i social media

I social media possono essere uno strumento potente per aumentare la visibilità della tua casa e raggiungere un pubblico più ampio. Considera di condividere l'annuncio della tua casa su piattaforme come Facebook, Instagram, Twitter e LinkedIn. Chiedi ai tuoi amici e alla tua famiglia di condividere l'annuncio per aumentare ulteriormente la visibilità. Inoltre, alcuni agenti immobiliari potrebbero utilizzare i loro canali sui social media per promuovere la tua proprietà, quindi assicurazioni di discutere questa opzione con il tuo agente.

F. Pubblicizzare localmente

Non sottovalutare l'importanza della pubblicità locale nella vendita della tua casa. Pubblica annunci su giornali locali, riviste e siti web di comunità per raggiungere potenziali acquirenti che vivono o cercano nella tua zona. Inoltre, posiziona un cartello "In vendita" ben visibile davanti alla tua casa, in modo che le persone che passano possano sapere che la proprietà è sul mercato.

G. Organizzare open house e visite private

Organizzare open house e visite private è un modo efficace per mostrare la tua casa a potenziali acquirenti e rispondere alle loro domande. Lavora con il tuo agente immobiliare per iniziare e promuovere gli open house e per gestire le visite private. Assicurati che la tua casa sia pulita, in ordine e ben presentata durante le visite e sii disponibile per rispondere alle domande degli acquirenti e discutere delle caratteristiche e dei vantaggi della tua casa.

H. Seguire i feedback degli acquirenti

Il feedback degli acquirenti può fornirti informazioni preziose su come migliorare ulteriormente la presentazione della tua casa e la strategia di marketing. Chiedi al tuo agente immobiliare di raccogliere il feedback delle persone che visitano la tua casa e utilizzalo per apportare eventuali modifiche o aggiustamenti. Se ricevi un feedback negativo ricorrente su un aspetto specifico della tua casa, considera di affrontare il problema per aumentare le possibilità di vendita.

Implementando queste strategie di marketing efficaci, sarai in grado di promuovere la tua casa in modo efficace e raggiungere un ampio pubblico di potenziali acquirenti. Ricorda che una buona promozione è fondamentale per vendere la tua casa al miglior prezzo possibile e nel minor tempo possibile. Lavora con un agente immobiliare esperto, sfrutta i canali online e locali e fai tutto il possibile per mostrare al meglio la tua casa e le sue caratteristiche uniche.

5: Fotografia Immobiliare: Catturare l'essenza della casa e attirare l'attenzione degli acquirenti

Le fotografie sono spesso il primo contatto che un potenziale acquirente ha con una casa in vendita, e quindi è fondamentale che siano di alta qualità e rappresentino accuratamente la proprietà. Ecco alcuni suggerimenti su come realizzare fotografie immobiliari efficaci per catturare l'essenza della tua casa e attirare l'attenzione degli acquirenti:

A. Preparazione della casa

Prima di scattare le fotografie, è importante preparare adeguatamente la casa. Assicurati che sia pulita e ordinata e che gli spazi siano ben illuminati. Rimuovi gli oggetti personali e riduci al minimo l'arredamento per creare un ambiente neutro che permetta agli acquirenti di immaginarsi nella casa. Inoltre, assicurazioni che gli spazi esterni siano curati e ben tenuti.

B. Utilizzo di attrezzature adatte

Utilizzare l'attrezzatura giusta può fare una grande differenza nella qualità delle fotografie immobiliari. È preferibile utilizzare una fotocamera DSLR o mirrorless con un obiettivo grandangolare per catturare più spazio nelle immagini. Inoltre, l'uso di un treppiede può aiutare a stabilizzare la fotocamera e ottenere immagini più nitide.

C. Sfruttare la luce naturale

La luce naturale è fondamentale per creare foto immobiliari accattivanti. Scatta le foto durante le ore di punta di luce naturale, generalmente al mattino presto o nel tardo pomeriggio. Apri tutte le tende e persiane per far entrare il maggior quantitativo di luce possibile. Se necessario, utilizza luci artificiali per migliorare ulteriormente l'illuminazione, ma cerca di mantenere un aspetto naturale.

D. Composizione e angolazione

Presta particolare attenzione alla composizione e all'angolazione delle tue fotografie immobiliari. Utilizza la regola dei terzi per equilibrare gli elementi nelle immagini e catturare gli ambienti da un angolo che mostra la loro ampiezza e profondità. Evita di scattare foto dall'alto o dal basso, in quanto possono distorcere le proporzioni e rendere gli spazi meno attraenti.

E. Fotografare tutte le stanze principali

Assicurati di fotografare tutte le stanze principali della casa, come soggiorno, cucina, camere da letto e bagni. Cattura anche eventuali spazi unici o caratteristiche interessanti, come soffitti alti, caminetti o pavimenti particolari. Inoltre, non dimenticare di includere immagini degli spazi esterni, come il cortile, il giardino, la terrazza o il balcone, in quanto questi spazi possono essere un grande punto di vendita per molti acquirenti.

F. Fotografare i dettagli e gli elementi di design

Oltre agli spazi principali, dedica del tempo a fotografare i dettagli e gli elementi di design che rendono unica la tua casa. Questi possono includere elementi architettonici, finiture di alta qualità, arredi personalizzati o qualsiasi altro aspetto che aggiunga valore alla tua casa. Queste immagini possono aiutare a creare un'atmosfera accogliente e dare agli acquirenti un'idea dello stile e del carattere della casa.

G. Post-produzione e ritocco delle immagini

Dopo aver scattato le fotografie, è importante dedicare del tempo alla post-produzione e al ritocco delle immagini per ottenere il miglior risultato possibile. Utilizza software di fotoritocco come Adobe Lightroom o Photoshop per regolare l'esposizione, il contrasto, la saturazione e altri parametri delle immagini. Cerca di mantenere un aspetto naturale e realistico, evitando di alterare eccessivamente le immagini.

H. Creazione di un tour virtuale o di un video

Per offrire agli acquirenti un'esperienza ancora più coinvolgente, potresti prendere in considerazione la creazione di un tour virtuale o di un video della tua casa. Ciò permetterà agli acquirenti di esplorare la casa in modo più dettagliato e avere un'idea migliore dello spazio e del layout. Discuti con il tuo agente immobiliare la possibilità di creare un tour virtuale o un video ed i costi associati.

I. Collaborare con un fotografo professionista

Se non ti senti a tuo agio nel realizzare le fotografie immobiliari da solo o desideri risultati di qualità superiore, potresti prendere in considerazione l'assunzione di un fotografo professionista specializzato in fotografia immobiliare. Un fotografo esperto saprà come catturare al meglio la tua casa e creare immagini che attireranno l'attenzione degli acquirenti. Chiedi al tuo agente immobiliare di raccomandare un fotografo nella tua zona o cerca recensioni e portfolio online.

Seguendo questi suggerimenti, sarai in grado di creare fotografie immobiliari di alta qualità che catturano l'essenza della tua casa e attirano l'attenzione degli acquirenti. Ricorda che le immagini sono spesso la prima impressione che un acquirente ha di una casa, quindi è fondamentale che siano ben fatte e rappresentino accuratamente la proprietà. Prenditi il tempo necessario per preparare la casa, utilizza l'attrezzatura giusta e lavora sulla composizione e l'illuminazione per ottenere i migliori risultati possibili.

6: Home Staging: Tecniche di arredamento per valorizzare gli spazi e vendere velocemente

L'home staging è una pratica che consiste nell'arredare e decorare strategicamente una casa in vendita per renderla più attraente agli occhi degli acquirenti. Un'ottima presentazione può fare la differenza nel vendere velocemente la tua casa e ottenere un prezzo più alto. Ecco alcuni suggerimenti e tecniche di home staging per valorizzare gli spazi e vendere rapidamente:

A. Disporre gli spazi

Organizza gli spazi interni in modo logico e funzionale, evidenziando le aree chiave come soggiorno, sala da pranzo, cucina, camere da letto e bagni. Cerca di creare un flusso naturale tra le stanze e assicurati che gli arredi non ostacolino il passaggio.

B. Creare un ambiente neutro

Riduci al minimo gli oggetti personali e crea un ambiente neutro che permette agli acquirenti di immaginarsi nella casa. Questo può includere la rimozione di fotografie personali, oggetti religiosi o politici e altri elementi che possono distogliere l'attenzione dall'immobile.

C. Pulizia e decluttering

Una casa pulita e ordinata è fondamentale per fare una buona impressione sugli acquirenti. Prima di iniziare l'home staging, dedica del tempo a pulire accuratamente la casa e rimuovere gli oggetti inutili o ingombranti. Ciò può includere vestiti, giocattoli, elettrodomestici da cucina e altri oggetti personali.

D. Arredamento e accessori

Scegli arredi e accessori che valorizzino gli spazi e creino un ambiente accogliente e attraente. È importante scegliere mobili proporzionati alle dimensioni delle stanze e che si adattino allo stile architettonico della casa. Inoltre, utilizza accessori come cuscini, coperte, tappeti e opere d'arte per aggiungere colore e texture agli ambienti.

E. Valorizzare gli spazi esterni

Non trascurare gli spazi esterni, come il giardino, il cortile, la terrazza o il balcone. Assicurati che siano puliti e ben tenuti e aggiungi arredi esterni per creare un'atmosfera invitante. Ciò può includere tavoli e sedie, piante in vaso, illuminazione esterna e altri elementi decorativi.

F. Illuminazione

L'illuminazione è un elemento chiave nell'home staging e può contribuire a creare un ambiente accogliente e invitante. Utilizza lampade e luci soffuse per illuminare gli spazi e mettere in evidenza le caratteristiche architettoniche. Inoltre, assicurati avere un apertura tende e persiane tale da far entrare quanta più luce naturale possibile nelle stanze.

G. Migliorare le caratteristiche architettoniche

Metti in evidenza le caratteristiche architettoniche uniche della tua casa, come soffitti, caminetti, travi a vista o pavimenti particolari. Utilizza l'arredamento e l'illuminazione per attirare l'attenzione su questi elementi e valorizzarli.

H. Aggiornamenti e riparazioni

Considera di effettuare piccoli aggiornamenti e riparazioni che possono migliorare l'aspetto generale della casa e aumentarne il valore. Ciò può includere la pittura di pareti e soffitti, la sostituzione di maniglie e pomelli usurati, l'aggiornamento di apparecchiature elettriche e la riparazione di eventuali problemi strutturali o estetici.

I. Creare un'atmosfera accogliente

Crea un'atmosfera accogliente e invitante utilizzando colori caldi e neutri, profumi gradevoli e musica di sottofondo durante le visite degli acquirenti. Ciò può aiutare a far sentire gli acquirenti proprio agio ea immaginarsi nella casa.

J. Collaborare con un professionista dell'home staging

Se non ti senti a tuo agio nel realizzare l'home staging da solo o desideri risultati di qualità superiore, potresti prendere in considerazione l'assunzione di un professionista dell'home staging. Un esperto di home staging saprà come valorizzare al meglio la tua casa e creare un ambiente che attirerà gli acquirenti. Chiedi al tuo agente immobiliare di raccomandare un home stager nella tua zona o cerca recensioni e portfolio online.

Seguendo questi suggerimenti e tecniche di home staging, sarai in grado di valorizzare gli spazi della tua casa e attirare l'attenzione degli acquirenti, aumentando le possibilità di vendere rapidamente ea un prezzo più alto. Ricorda che la presentazione è fondamentale quando si tratta di vendere una casa, quindi dedica il tempo e le risorse necessarie per preparare adeguatamente la tua casa e renderla il più attraente possibile.

7: Visite e Open House: Organizzare incontri memorabili e mostrare al meglio la proprietà

Organizzare visite e open house efficaci è fondamentale per attirare l'interesse degli acquirenti e facilitare una vendita rapida. Ecco alcuni suggerimenti su come organizzare incontri memorabili e mostrare al meglio la tua proprietà:

A. Pianificazione e preparazione

Prima di organizzare visite e open house, pianifica attentamente le date e gli orari. Cerca di evitare conflitti con altri eventi locali e scegli orari che siano convenienti per la maggior parte degli acquirenti, come il fine settimana o le serate infrasettimanali. Inoltre, assicurati che la casa sia in perfette condizioni prima di ogni visita, con una pulizia accurata e un'attenta preparazione degli spazi interni ed esterni.

B. Creare un'atmosfera accogliente

È importante creare un'atmosfera accogliente e piacevole durante le visite e gli open house. Assicurati che la casa sia ben illuminata, con le tende e le persiane aperte per far entrare quanta più luce naturale possibile. Utilizza candele o diffusori per creare un ambiente profumato e piacevole e considera di mettere la sua musica di sottofondo per migliorare l'atmosfera.

C. Fornire informazioni dettagliate

Durante le visite e gli open house, è essenziale fornire agli acquirenti tutte le informazioni necessarie sulla casa. Prepara un opuscolo informativo che include dettagli sulla proprietà, come metratura, numero di stanze, caratteristiche speciali, riscaldamento e condizionamento, e altre specifiche tecniche. Inoltre, include informazioni sul quartiere, come scuole, servizi, trasporti e attrazioni locali.

D. Coinvolgere gli acquirenti

Interagisci con gli acquirenti durante le visite e gli open house per rispondere alle loro domande e fornire ulteriori informazioni sulla casa. Cerca di stabilire un rapporto con gli acquirenti, mostrando interesse per le loro esigenze e preferenze. Inoltre, incoraggiali a immaginare nella casa ea condividere le loro impressioni.

E. Mostrare i punti di forza della casa

Durante le visite, metti in risalto i punti di forza della casa, come spazi esterni, caratteristiche architettoniche uniche, finiture di alta qualità o miglioramenti energetici. Cerca di presentare la casa nel miglior modo possibile, mostrando agli acquirenti perché è un'ottima scelta per le loro esigenze.

F. Gestire le critiche

È probabile che alcuni acquirenti abbiano critiche o riserve sulla casa. Ascolta attentamente le loro preoccupazioni e cerca di rispondere in modo costruttivo e informativo. Se possibile, fornisci soluzioni o suggerimenti per risolvere eventuali problemi sollevati. Mostrati disponibili e aperti al dialogo, mantenendo sempre un atteggiamento professionale e cortese.

G. Seguire i protocolli di sicurezza

Assicurati di seguire i protocolli di sicurezza durante le visite e gli open house, soprattutto se ci sono ancora restrizioni dovute alla pandemia di COVID-19. Potrebbe essere necessario limitare il numero di persone all'interno della casa, richiedere l'uso di mascherine, disinfettanti per le mani e mantenere il distanziamento sociale. Consulta le linee guida locali e discuti con il tuo agente immobiliare per determinare le migliori pratiche per la tua situazione.

H. Raccogliere feedback

Dopo ogni visita o open house, raccogli feedback dagli acquirenti e dai loro agenti. Questo ti darà un'idea delle impressioni degli acquirenti sulla casa e ti permetterà di apportare eventuali modifiche o miglioramenti in base ai loro commenti. Puoi utilizzare queste informazioni per migliorare le future visite e aumentare le possibilità di vendere la tua casa.

I. Gestione delle offerte e delle negoziazioni

Una volta che gli acquirenti iniziano a mostrare interesse ea fare offerte sulla tua casa, è importante essere preparati a gestire queste offerte ea negoziare con gli acquirenti. Lavora con il tuo agente immobiliare per valutare le offerte, discutere le opzioni e determinare la migliore strategia di aggiudicazione.

J. Collaborare con un agente immobiliare esperto

Collaborare con un agente immobiliare esperto può facilitare il processo di organizzazione di visite e open house. Un agente immobiliare conoscerà le migliori pratiche per presentare la tua casa, interagire con gli acquirenti e gestire le offerte. Chiedi al tuo di condividere le sue esperienze e strategie per organizzare incontri memorabili e mostrare al meglio la tua proprietà.Seguendo questi suggerimenti e strategie, sarai in grado di organizzare visite e open house efficaci che mostreranno al meglio la tua casa e attireranno l'interesse degli acquirenti. Ricorda che una buona presentazione e una comunicazione efficaci sono fondamentali per vendere la tua casa rapidamente e al miglior prezzo possibile. Dedica tempo e risorse alla preparazione, all'interazione con gli acquirenti e al miglioramento continuo del processo per ottenere i migliori risultati.

8: Gestione delle Offerte e Negoziazione del Prezzo: come ottenere il miglior prezzo possibile per la tua casa

Una volta che la tua casa è sul mercato e hai attirato l'interesse degli acquirenti, è probabile che inizi a ricevere offerte. Gestire le offerte in modo efficace e negoziare il prezzo di vendita può fare la differenza tra ottenere un buon prezzo per la tua casa e perdere una vendita vantaggiosa. Segui questi suggerimenti per gestire le offerte e negoziare con successo il prezzo di vendita della tua casa:

A. Valutare le offerte ricevuteQuando ricevi un'offerta per la tua casa, è importante valutarla attentamente per determinare se è una proposta ragionevole e vantaggiosa. Tieni presente il prezzo di vendita che desideri ottenere, il tempo che la tua casa è stata sul mercato e le condizioni attuali del mercato immobiliare nella tua zona. Consulta il tuo agente immobiliare per avere una valutazione professionale dell'offerta e discuti se è il caso di accettare, rifiutare o negoziare.

B. Comunicare con gli acquirenti

Una comunicazione efficace con gli acquirenti è fondamentale durante il processo di negoziazione. Lavora con il tuo agente immobiliare per mantenere una comunicazione aperta e onesta con gli acquirenti interessati. Se stai considerando un'offerta, fai sapere all'acquirente che sei interessato e che sei disposto a negoziare. Se rifiuti un'offerta, spiega le ragioni in modo educato e costruttivo.

C. Prepararsi a negoziare

Prima di iniziare a negoziare con un acquirente, è importante essere preparati e avere un piano. Stabilisci un prezzo minimo di vendita accettabile per te e tieni conto delle eventuali concessioni o condizioni che sei disposto ad accettare. Sii aperto a compromessi e sii flessibile, ma non scendere al di sotto del tuo prezzo minimo accettabile.

D. Negoziare in modo efficace

La compravendita è un'arte, e padroneggiarla può aiutarti a ottenere il miglior prezzo possibile per la tua casa. Ecco alcuni suggerimenti per negoziare con successo:

1. Mantieni la calma e sii paziente: La negoziazione può essere stressante, ma è importante mantenere la calma e non prendere decisioni affrettate. Prenditi il tempo necessario per valutare ogni offerta e discuterla con il tuo agente immobiliare.

2. Sii aperto e flessibile: Mostrati disposto a considerare diverse opzioni ea trovare una soluzione che soddisfi sia te che l'acquirente. Ricorda che il compromesso è spesso una parte necessaria del processo di negoziazione.

3. Focalizzati sui punti di forza della tua casa: Durante la negoziazione, metti in evidenza le caratteristiche uniche ed i punti di forza della tua casa per giustificare il prezzo richiesto. Questo può aiutare a convincere l'acquirente che la tua casa vale il prezzo che chiedi.

4. Conosci il mercato immobiliare locale: Essere informato sulle condizioni del mercato immobiliare nella tua zona ti darà un vantaggio nella vendita. Se le case simili alla tua stanno vendendo rapidamente o a prezzi più alti, utilizza queste informazioni per sostenere il tuo prezzo di vendita.

5. Non avere paura di dire "no": Se un acquirente fa un'offerta che ritieni inaccettabile, non aver paura di rifiutarla. Tuttavia, cerca di farlo in modo educato e costruttivo, spiegando le ragioni del tuo rifiuto e indicando eventuali modifiche all'offerta che potrebbero rendere la proposta più interessante.

E. Valutare le concessioni e le condizioni

A volte, un acquirente può chiedere concessioni o condizioni particolari, come la chiusura del contratto entro una certa data, la richiesta di riparazioni specifiche o l'inclusione di elettrodomestici o arredi nella vendita. Valuta attentamente queste richieste e discuti con il tuo agente immobiliare se accettarle potrebbe aiutarti a raggiungere un accordo vantaggioso.

F. Concludere l'accordo

Una volta raggiunto un accordo sul prezzo e sulle condizioni, lavora con il tuo agente immobiliare e il tuo avvocato per preparare e firmare il contratto di vendita. Assicurati di comprendere appieno tutti gli aspetti del contratto e di rispettare tutte le scadenze e gli obblighi previsti.

Seguendo questi suggerimenti, sarai in grado di gestire le offerte e negoziare con successo il prezzo di vendita della tua casa. Ricorda che la marcatura è un processo che richiede pazienza, flessibilità e una buona comunicazione. Lavorando insieme al tuo agente immobiliare e mantenendo una mentalità aperta, potrai massimizzare il tuo profitto e vendere la tua casa nel minor tempo possibile.

9: Ruolo dell'Agente Immobiliare: Scegli un professionista affidabile e competente per aiutare nella vendita

L'agente immobiliare gioca un ruolo cruciale nel processo di vendita di una casa. È importante scegliere un professionista esperto, affidabile e competente che possa guidarti attraverso il processo e massimizzare le tue possibilità di vendere al miglior prezzo possibile. Ecco alcuni suggerimenti su come scegliere l'agente immobiliare giusto per te:

A. Ricercare agenti immobiliari locali

Inizia la tua ricerca di un agente immobiliare esplorando quelli che offriranno nella tua zona. Questo ti darà un'idea delle loro conoscenze del mercato locale e della loro esperienza nella vendita di case simili alla tua. Consulta le loro recensioni online e chiedi ad amici, familiari o colleghi se hanno avuto esperienze positive con un agente immobiliare locale.

B. Valutare l'esperienza e la competenza Quando scegli un agente immobiliare, è importante valutare la loro esperienza e competenza nel settore immobiliare. Chiedi quanti anni di esperienza hanno, quanti immobili hanno venduto e quali sono i loro tassi di successo. Inoltre, chiedi se hanno particolari aree di competenza o specializzazioni che potrebbero essere rilevanti per la tua situazione.

C. Ottenere referenze e contattare clienti precedenti

Chiedi all'agente immobiliare di fornirti referenze di clienti precedenti che hanno venduto case simili alla tua. Contatta queste persone e chiedi loro di condividere la loro esperienza lavorando con l'agente, compresa la comunicazione, la strategia di vendita e la soddisfazione generale con il servizio fornito.

D. Valutare la comunicazione e il rapporto

La comunicazione e il rapporto con il tuo agente immobiliare sono fondamentali per un'esperienza di vendita positiva. Presta attenzione a come l'agente comunica con te e se ti fa sentire a tuo agio e supportato. Un buon agente immobiliare sarà in grado di rispondere alle tue domande, di discutere apertamente le strategie di vendita e di tenerti aggiornati su eventuali sviluppi nel processo di vendita.

E. Analizzare la strategia di marketing e vendita

Chiedi all'agente immobiliare di delineare la loro strategia di marketing e vendita per la tua casa. Questo dovrebbe includere l'elenco dei canali di pubblicità che utilizzeranno, le tecniche di vendita, come le visite private o le open house, e le loro tattiche di costruzione. Assicurati che la strategia proposta sia adatta al tuo immobile e alle tue esigenze

F. Confrontare commissioni e servizi

Le commissioni ei servizi offerti dagli agenti immobiliari possono variare notevolmente. Quando scegli un agente, confronta le commissioni ei servizi inclusi nel loro pacchetto per assicurarti di ottenere il miglior rapporto qualità-prezzo. Tieni presente che la commissione più bassa non sempre corrisponde al miglior servizio, quindi valuta attentamente ciò che è incluso e ciò che è più importante per te nel processo di vendita.

G. Valutare la loro rete di contatti

Un agente immobiliare con una vasta rete di contatti nel settore può essere prezioso per la vendita della tua casa. Chiedi all'agente informazioni sulla loro rete, inclusi altri agenti immobiliari, acquirenti potenziali, avvocati e ispettori edilizi. Una rete solida può aiutare a facilitare la vendita ed a risolvere eventuali problemi che potrebbero sorgere durante il processo.

H. Verificare le credenziali e le licenze

Assicurati che l'agente immobiliare che scegli sia adeguatamente autorizzato e abbia le credenziali necessarie per operare nella tua zona. Controlla le licenze e le certificazioni presso l'ente di regolamentazione locale e verifica se l'agente ha una buona reputazione nel settore.

I. Stabilire obiettivi e obiettivi chiari

Prima di iniziare a lavorare con un agente immobiliare, è importante individuare obiettivi e obiettivi chiari. Discuti i tuoi obiettivi di vendita, il prezzo desiderato, il tempo entro cui vuoi vendere e le tue preferenze in termini di comunicazione e coinvolgimento nel processo. Un buon agente immobiliare sarà in grado di adattarsi alle tue esigenze e lavorare con te per raggiungere i tuoi obiettivi.

J. Prendi una decisione informata

Infine, prenditi il tempo per valutare tutte le informazioni raccolte e prendere una decisione informata su quale agente immobiliare sia il più adatto a te. Ricorda che la vendita della tua casa è un processo importante e potenzialmente stressante, quindi scegli un agente con cui ti trovi bene e di cui ti fidi è fondamentale.

Seguendo questi suggerimenti, sarai in grado di scegliere un agente immobiliare affidabile e competente che possa aiutarti a vendere la tua casa al miglior prezzo possibile. Ricorda che la scelta dell'agente può giusto fare la differenza nel processo di vendita e influire sul successo complessivo della tua transazione immobiliare.

10: Concludere la Vendita: Passaggi finali e consigli per chiudere l'affare con successo

Una volta raggiunto un accordo con un potenziale acquirente, ci sono ancora alcuni passaggi cruciali da seguire per concludere con successo la vendita della tua casa. Ecco una panoramica dei passaggi finali e alcuni consigli per chiudere l'affare con successo:

A. Accettazione dell'offerta e firma del contratto preliminare

Quando ricevi un'offerta soddisfacente, il primo passo è accettarla formalmente e firmare un contratto preliminare. Questo documento, spesso chiamato compromesso di vendita, delinea i termini dell'accordo tra te e l'acquirente, inclusi prezzo, tempi e condizioni di vendita. Lavora con il tuo agente immobiliare e il tuo avvocato per assicurarti che il contratto sia completo e accurato.

B. Gestione delle contingenze.

Le contingenze sono condizioni che devono essere soddisfatte prima che la vendita possa essere conclusa. Queste possono includere l'ispezione della casa, la valutazione dell'immobile e l'approvazione del mutuo dell'acquirente. Lavora con il tuo agente immobiliare per garantire che queste contingenze siano gestite tempestivamente e che eventuali problemi vengano risolti in modo soddisfacente.

C. Preparazione della casa per il passaggio di proprietà

Prima della chiusura, assicurati di preparare la tua casa per il passaggio di proprietà. Ciò include la rimozione di tutti i tuoi effetti personali, la pulizia accurata della casa e l'esecuzione di eventuali riparazioni concordate con l'acquirente durante il processo di ispezione. Inoltre, assicurazioni di informare le aziende dei servizi e l'ufficio postale del tuo trasloco e fornire all'acquirente informazioni utili, come istruzioni per gli elettrodomestici e dettagli sui fornitori di servizi locali.

D. Atto di vendita e chiusura

L'atto di vendita è il documento legale che trasferisce formalmente la proprietà dell'immobile all'acquirente. Lavora con il tuo avvocato e l'agente immobiliare per garantire che l'atto di vendita sia accurato e completo. La chiusura, o il rogito notarile, è l'ultimo passaggio del processo di vendita, in cui il denaro viene trasferito all'acquirente e tu ricevi il pagamento per la tua casa. Collabora con tutte le parti coinvolte per garantire una chiusura senza intoppi.

E. Preparazione finanziaria

Prima della chiusura, assicurazioni di avere i tuoi affari finanziari in ordine. Ciò include la preparazione di tutti i documenti necessari per il pagamento del prestito ipotecario, la liquidazione di eventuali addebiti sulla proprietà e la pianificazione dell'utilizzo dei fondi derivanti dalla vendita. Consulta il tuo consulente finanziario o il tuo avvocato per ricevere consigli su come gestire al meglio il denaro ricavato dalla vendita della tua casa.

F. Verifica finale

Poco prima della chiusura, l'acquirente può richiedere una verifica finale della casa per assicurarsi che sia nelle stesse condizioni in cui si trovava al momento dell'accettazione dell'offerta e che tutte le riparazioni concordate siano state effettuate. Lavora con il tuo agente immobiliare per coordinare la verifica finale e assicurarti che la casa sia pronta per il passaggio di proprietà.

G. Risoluzione di eventuali problemi

Se si verificano problemi durante la chiusura, come problemi con il finanziamento dell'acquirente o questioni legali, lavora con il tuo agente immobiliare e il tuo avvocato per risolverli il più rapidamente possibile. Mantieni la calma e la flessibilità, cercando soluzioni che siano nel tuo interesse e in quello dell'acquirente.

H. Trasferimento delle chiavi e consegna della proprietà

Una volta completata la chiusura e ricevuto il pagamento per la tua casa, è il momento di consegnare le chiavi all'acquirente e di trasferire formalmente la proprietà. Assicurati di consegnare tutte le chiavi, telecomandi del garage e codici di accesso, e di aver disattivato eventuali sistemi di sicurezza.

I. Comunicazione post-vendita

Dopo la chiusura, mantieni una comunicazione aperta con l'acquirente per rispondere a eventuali domande o risolvere eventuali problemi che potrebbero sorgere. Anche se non sei più il proprietario della casa, mostrare disponibilità e supporto può contribuire a garantire una transizione senza intoppi per l'acquirente.

J. Riflessione sulla vendita e valutazione dell'esperienza

Una volta completato il processo di vendita, rifletti sull'esperienza e valuta quali aspetti sono andati bene e quali potrebbero essere migliorati. Questo può aiutarti a imparare dalla tua esperienza ea prepararti per eventuali future transazioni immobiliari.

Seguendo questi passaggi e consigli, sarai in grado di concludere con successo la vendita della tua casa e garantire una transizione senza intoppi per te e l'acquirente. Ricorda che la comunicazione e la collaborazione con il tuo agente immobiliare, il tuo avvocato e l'acquirente sono fondamentali per chiudere l'affare e ottenere il miglior risultato possibile.

CONCLUSIONI

In conclusione, la vendita di una casa o un appartamento richiede pianificazione, preparazione e attenzione ai dettagli. Seguendo questi 10 capitoli, potrai affrontare ogni fase del processo di vendita con successo, dalla valutazione iniziale alla chiusura dell'affare. Ricorda che la chiave per una vendita di successo è la collaborazione con professionisti esperti, come agenti immobiliari e avvocati, e la comunicazione efficace con gli acquirenti. Con una presentazione accurata della tua proprietà, una strategia di marketing ben pianificata e una suddivisione abile, potrai massimizzare il valore della tua casa e vendere velocemente. Inoltre, mantenendo la calma e la flessibilità durante tutto il processo, potrai superare eventuali ostacoli e garantire una transizione senza intoppi per te e il nuovo proprietario.

*Crafty Ink **Manolo***